HISTOIRE
PITOYABLE

sur la mort d'vne ieune Damoiselle agée de dix-sept à dix huiсt ans, executee dans la ville de Padoüe au mois de Decembre dernier.

Traduite en François, par le sieur de NERVEZE.

A PARIS,

De l'Imprimerie d'Anthoine du Brueil au bout du pont S. Michel à l'Estoille Couronnee.

M. DC. XVII.

Auec Permission.

Permission.

IL est permis à Anthoine du Brueil d'Imprimer ou faire Imprimer vne, *Histoire pitoyable sur la mort d'vne ieune Damoiselle aagee de dixsept à dixhuict ans, executee dans la ville de Padouë au mois de Decembre dernier. Traduite en François, par le sieur de* NERVEZE. Et deffences sont faites à tous Libraires & Imprimeurs de l'Imprimer sur peine de confiscation des Impressions qui en seront trouuées, & damende arbitraire.

signé, A. FERRAND.

Et de PARIS.

HISTOIRE PITOYABLE

sur la mort d'vne ieune Damoiselle agée de dix sept à dixhuict ans, executee dans la ville de Padoüe au mois de Decembre dernier.

S I nous voyons, & ressentõs des prodigieuses nouueautez en ceste mortelle vie : Il se trouue le plus souuent que l'amour les nous enuoye lors que surprenant quelque ame lasche & infidelle, l'infidelité traine les maux qũi forment apres le prodige, ainsi que cela le remarque en ce discours, d'où ie retranche plusieurs circonstances qui estoient liees auec les cõmencemens de l'amitié que les autheurs auoient contracté sous vne familiarité imprudemment promise & authorisee par les parens de la Damoiselle que ie monstreray la premiere en ce funeste ouurage.

Ceste fille donc estoit fille vnique de sa maison, son pere s'appelle monsieur de la Riuiere, lequel l'auoit dés son enfance fait instruire en choses vertueuses, & à tout ce qui peut seruir à la bienseance des Da-

moiſelles de ſa ſorte. A quoy elle auoit ſi
bien profité qu'il ſembloit que le ciel l'euſt
fait naiſtre pour eſtre l'exéple des filles de
ſon temps Sa vie iuſques en l'aage de 16. à
17. ans, fut vn miracle de nature Elle eſtoit
belle, & doüée d'aſſez de perfections pour
rauir vn chacun en admiration. Mais côme
quelquesfois les plus ſages declinent en la
ſuitte des iours de leurs ſageſſes, & degene-
rent de leur propre naturel. Ceſte Damoiſelle qui ſe nommoit Marguerite, &
auoit rapporté déſ le berceau vne modeſtie
graue & vne continence admirable, vi-
ctorieuſe en ce que les autres ſe laiſſent or-
dinairement vaincre en reſiſtât à l'amour,
faulſe à la fin compagnie à la vertu qui l'a-
uoit aſſiſtee: & ſe trouuant debile de la ſageſſe qui conſeruoit ſa chaſteté la liure à la
mercy de ſes ennemis obſcurcit par l'eclipſe
de ſa vertu le ſoleil de ſa renommee & fait
que tant de perfections & dons du ciel qui
la decoroient demeurent eſteints dans ſes
dernieres actions.

Or il faut entendre qu'aupres de la maiſő
de ſon pere y auoit vn ieune Gétil.homme
beau & accort duquel ie tairois le nom par
diſcretion n'eſtoit que ceſte Damoiſelle le
publie aſſez par ces diſcours: Il s'appelle le

Seigneur de Lorion, lequel comme voiſin
le viſitoit fort ſouuēt plus pour l'amour de
la fille que pour rēdre ce deuoir à ſon pere.

La frequēce de ſes viſites luy acquiſt telle
priuauté dans la maiſon (inegalle toutesfois à la ſienne de grandeur & d'antiquité)
qu'il en vſoit comme s'il euſt eſte iſſu ſans
que le Seigneur de la Riuiere print iamais
aucun ombrage de luy, eſtimāt que le rang
qu'il tenoit & ſa diſcretion le diuertiroient
de faire choſe indigne d'vn Gentil homme
bien nay, & d'ailleurs que la ſageſſe & bon
naturel de ſa fille eſtoiēt d'aſſez fortez gar-
des pour repouſſer ſes deſſeins, s'ils ten-
doient au preiudice de ſon honneur.

Sur ce iugement il ſe reſoluſt de faire vn
voyage en Frāce, où le ſeiour qu'il fiſt dē na
le temps & loiſir à ce ieune Gētil-homme
de pourſuiure ſon entrepriſe & rendre tri-
butaire à ſon vouloir la pudicité de ſa Damoiſelle de ſorte que ce qu'il auoit recher-
ché auec tant de peine il le trouua auec
moins de difficulté par le moyē d'vne ſiēne
gouuernante qui eſtoit dans la maiſon, laquelle il gagna par preſents ou autremēt, &
ayāt tendu les filets de leurs ſubtiles inuen-
tions enueloppent ceſte innocente dans le
voile des promeſſes qu'il luy fiſt de l'eſ-

poufer, & l'emmener loing de fon pere : Si
bien qu'allienee de fes fens, elle luy laiffe la
poffeffion de ce qu'elle auoit iufques alors
fi chaftement conferué, & qui illuftroit fa
vie, & fur cefte efperance en laquelle il l'en-
tretenoit, il difpofe librement de fa con-
quefte & fi fouuent que les racines de cefte
iouyffance efleuant l'arbre felon que le
cours du temps le nourriffoit, luy fift at-
teindre fa maturité & mift en euidence la
faulte qui demeuroit cachee dans le filéce
des coulpables.

Cefte creature qui vouloit veoir le iour
aufi toft que fa faifon eut limité fa demeu-
re dans fa prifon maternelle, n'eut pas fait
fon eutree en la terre, qu'elle defcouurit
le crime de fa mere, de forte que le fieur de
Lorion en ayant aduis, & apprehendant la
punition de fa defloyauté luy fait banque-
routte & s'enfuit, enfemble la gouuernâ-
te qui l'auoit fi mal gouuernee, & qui a-
uoit efté miniftre de fa mefchanceté, em-
portant auec luy fa foy violee, & laiffant à
fa Dame le repentir de fa faute, & le regret
de l'auoir iamais cogneu.

Noftre amante infortunee fe voyât ainfi
traictee à la rigueur & abandõnee de tous,
efclaue de la fureur, congedie fa raifon na-

turelle & ſes ſens, appelle le deſeſpoir pour
luy donner conſeil en ſon aduerſité, lequel luy fait gliſſer en l'ame vn deſir de vē-
geance, & de couurir ſa faute en couurant
de terre ſon petit enfant de peur qu'il ne
l'accuſaſt deuant ſon pere, quand il ſeroit
de retour. Et inclinant à ce mortel deſir,
commence à le contempler d'vn regard pitoyable & à dire ainſi.

Faut il ô ma creature que ie ſois mere ſi
cruelle & déſnaturee, qu'au lieu de t'eſle-
uer du lait de mes mamnelles, ie te face al-
laicter les derniers ſouſpirs de ta vie, & te
coucher dans la terre plutoſt qu'en tō berceau ! Faut-il, helas, que ie ſois plutoſt
ton homicide que ta nourrice, ame innocente ! Faut-il que tu laues de ton ſang in-
nocent les fautes de ta mere, & par ta mort
iniuſte tu la guarantiſſe de ſa mort meritee
Ah que i'ay de douleur d'eſtre ta meurtriere. Ie ſçay bien que Dieu m'ē punira comme iuſte iuge, mais poſſible auſſi que ſa mi-
ſericorde intercedera pour moy. Sus donc
chetiue creature de qui le deſtin s'oppoſe
à ma volonté : Soyez la victime que i'im-
mole au pied de mon offence : Sus que d'v-
ne main mourante de regret ie vous leue,
& de l'autre meurtriere i'execute ma cruau

té , renonçant à l'amour maternel & à la
loy de nature.

Ces paroles finies elle eſtrangle ſon en_
fant & le porte enſeuelir dans vn iardin, ou
quelque temps apres par la diuine prouidē.
ce , ce corps qui n'eſtoit point conſommé,
mais au meſme eſtat qu'il auoit eſté enterré
ſort ſur la terre, & coniurant la iuſtice du
Ciel & des hommes, appelle ſa mere en iugement, & par le moyen d'vn ſeruiteur ce
crime ſe deſcouure & paruiēt à la cognoiſ-
ſance de Meſſieurs de la iuſtice de Padouë,
leſquels enuoyerent prēdre ceſte Damoiſelle, de qui la conſcience ſeruoit de que-
ſtion pour luy faire cōfeſſer la verité,qu'elle accorda librement. Surquoy elle eſt mi-
ſe en priſon, & condamnee à perdre la te-
ſte : ſon pere eſtoit abſent , lequel arriua
huiɛt iours apres l'execution de ſa fille, laquelle eſtant ſur l'eſchaffaut prie la iuſtice
de luy permettre de parler, ce qui luy fuſt
oɛtroyé. Alors d'vne contenance qui de-
monſtroit que la mort luy eſtoit agreable,
adreſſe ſes paroles aux aſſiſtans , ou eſtoiēt
la plus grande part des hommes & femmes
de la ville , & meſmes grand nombre de
Gentils hommes & Damoiſelles des enui-
rons qui eſtoient accourus en ce piteux
ſpeɛtacle,

ſpectacle, & diſcourut de la ſorte qui s'enſuit d'vne voix aſſeuree, que les plus eſloignez pouuoient ouyr.

Vous trouuez peut eſtre eſtrange de veoir vne Damoiſelle de ma ſorte ſur ce bois ignominieux, ſur le point de rendre l'ame à Dieu: Il eſt eſtrange à la verité à vos yeux teſmoings de ma triſte fin : mais il eſt bien encores plus odieux à ma race, à qui ie laiſſe ceſte tache d'infamie, de mourir par la main d'vn bourreau, & d'vne autre façon que mes predeceſſeurs ne m'ont deuancee. I'aurois plus de regret en ma mort qu'elle ne ſuſcite de la pitié en vos ames, ſi ie ne recognoiſſois que ce ſont des effects iuſtes de la iuſtice de Dieu. Quand i'aurois cent vies elles ne ſoffiroient pas pour eſgaler ma punition à mon merite, ie ſuis coulpable de mort & digne de la ſouffrir par vn plus cruel tourment que celuy que l'on me prepare. En quoy la iuſtice m'a eſté plus douce que rigoureuſe. Et comme les hommes ſe contentent de ma ſeule mort pour reparation de mon malefice, ie coniure & ſupplie le Createur d'accepter ma repentâce pour la ſatisfaction de ſon intereſt. Et ainſi ie meurs contente, car auſſi bien ma vie ne m'eſtoit qu'vn treſpas en terre, le

quel m'affranchit de mille morts qui mar-
tyroiēt mes iours au souuenir de mó mef-
feſt. Ie voudrois bien pour reſpirer encores quelque air de vie, & auant vous dire
le dernier adieu, vous raconter au long ce
qui s'eſt paſſé entre l'autheur de ma diſgra-
ce & moy, pendant nos amours infortu-
nees: mais ie craindrois abuſer de voſtre
patience, & aneantir la commiſeratió que
mon piteux eſtat allume dans vos cœurs. Il
vaut donc mieux vous plaire & par ma triſte & prompte mort euiter voſtre lāgueur,
que me contenter en donnant quelque re-
laſche à ma vie : ainſi la conſideration de
vos deſirs, ira deuant l'ordre de mes pen-
ſees, toutesfois il faut que ie vous demande au nom de Dieu encore vne demy heure de voſtre patience, pour vomir ce que
i'ay ſur le cœur cótre ceſt ingrat de Lorron
de qui la deſloyauté à fait faire naufrage à
mon honneur, qui flottoit ſoubs le gou-
uernail de ſa foy apres que ie me fus embar
quee ſur ſes promeſſes, & maintenant ſa
cruauté me faiſant tresbucher de peine en
peine, & heritiere de tous les mal heurs,
fait perir & mon corps & ma vie. Permet-
tez moy donc s'il vous plaiſt, que plutoſt
que me deſpouiller de ma vie, ie me deſ-

charge de mes regrets, lefquels peut eftre
vn fauorable vent foufflera dans fes oreil-
les pour luy rafraifchir la memoire de moy
& efchauffer dãs fon ame la pitié inanimee.
Ce cruel me difoit d'vne voix trompeufe,
apres qu'il fe fut emparé de ma virginité,
qu'il feroit mon mary, que nos vies feroiét
eftroittement liees par ce lien de mariage,
& qu'en cefte focieté nous viuriõs & mou-
rions enfemble : & moy miferable char-
mee du miel de fes paroles i'auallé le poi-
fon de fa langue & me laiffé piper à fon dire & à mon efperance, me rendant fienne
auant qu'il fuft mien, & afferuant mes cha-
ftes intentions à fes perfides volontez, ie
trahis la ioye & l'honneur de mon pere &
le mien qu'il m'auoit fié eftimant que mon
naturel, & la crainte de Dieu feroit fa fau-
ue garde. Ha folle que i'eftois ! de croire
qu'il y eut de l'affeurance aux hommes,
que ne fus je eftouffee dés le ventre de ma
mere, ou que ne la fuiuis ie lors qu'vne
maladie luy fit payer le tribut de nature,
mon honneur viuroit encores & ma bon-
ne reputation, & les miens, & que ceux
qui m'ont cogneue, beniroient l'heure de
ma naiffance, au lieu qu'ils la maudiffent.
Tu ferois (Marguerite) heureufe & t'exê-

B ij

pterois du blafme que tu aquiers enuers la
pofterité & ceux qui viuent. Tu iouyrois
auec ta mere de mefme fepulture. Tes cen-
dres & les fiennes ne feroient qu'vn mon-
ceau, tes os repoferoient aupres des os de
tes anceftres, ou au côtraire par la rigueur
du genre de la mort, & l'enormité de ton
meffect, ton corps fera liuré aux oyfeaux
pour eftre leur pafture. Ha traiftre & def-
loyal! qui me priues du droict de ma tum-
be. Pourras tu bien entendre la nouuelle
de ma difgrace fans rougir & demander au
Ciel remiffion de ta faute? fi tu as vne ame
& vne confcience, l'vne fera ton iuge, &
l'autre ton bourreau pour te punir. Tu ferois mon mary, difois tu, & quel mary qui
me fait efpoufer vne honteufe mort? Sont
ce icy les nopces de noftre mariage & les
preparatifs que tu deuois faire pour m'emmener en quelque terre eftrangere? Eft-ce
le train & equipage de mes amenances? Eft
çe l'honnorable retraitte que ie deuois faire, & le lieu ou nous deuions confommer
heureufemét le refte de nos iours? Helas!
c'eft bié celui ou tu me fais finir les miés en
leur pl⁹ belle faifon, tãdis q̃ tu me furuiuras.
Va cruel, va pariure abufer & trom per les
autres mal-heureufes comme moy. Va har

dimét eſtancher la ſoif de tes ingratitudes
dans le ſang des autres innocétes, puis que
le mien & celuy de tó fils ne peuuét eſtein-
dre ton alteration. Il ne t'a pas pleu im-
pitoyable, Amant, que ie fuſſe ta femme &
luy ton fils. Tu ſçauois bien que le moyen
de nous oſter la vie dependoit de ton infidelité : c'eſt pourquoy tu l'as exercee en
nous pour aſſouuir ta rage. Le tiltre de
mary en toy te ſembloit trop honorable
pour moy & le nom de Pere pour ton
fils t'eſtoit odieux. Si tu euſſes eſté entier
en tes promeſſes, ie ſerois ta chere moitié,
& ceſte petite ame qui erre dans les tenebres viuroit encores. Le Ciel nous l'auoit
donnee teſmoin de la foy que tu m'auois
iuree, pour rendre ta parole irreuocable, &
ſeeller noſtre mariage. Nous auions ceſte
creature pour le partage de nos amours,
& tu l'as deſaduouee tienne, & m'as refuſee,
ô ingrat! pour ta cópagne? Va infame, par-
ricide, auide de tó ſang? Lamente ſi tu veux
ma deplorable mort : tu ne verras iamais
plus ta Maguerite, que tu ſoulois tát cherir,
il te faudroit vn cœur comme le mié pour
pleurer ma condition: Car celuy que tu as,
eſt ennemy de la pitié, & retient la bonde
de tes larmes. Nous n'auons point de mots

assez piquans en nostre langue pour expri-
mer ta cruauté, ny de paroles assez pitoya-
bles pour resmouuoir l'ame & te conuier
aux pleurs. Et vous mon pere que ie faits
heritier de tãt de regrets & de douleurs, ne
vous souuenez point de m'auoir engen-
drée, puis que ie vous ay si griefuement offencé, & vous representez comme si ma
mere auoit esté sterile, puis que i'ay esté si
fertile à produire des maux, autrement ie
confesse que la triste memoire que ie vous
laisse de moy indigne d'estre appellee vostre fille, aduancera la fin de vos ans, & ainsi
ma mort presente filera vostre trespas fu-
tur, au lieu que ma vie deuoit estre le bastõ
de vostre vieillesse. Ie vous demande par-
don en quelle part que vous soyez. I'ay mi-
serable souillé impudiquemẽt vostre maison, i'ay mesprisé les commandemens de
Dieu & oublié vos admonitions paternel-
les, i'ay profané l'instructiõ de mes maistres
& ma nourriture, ie n'ay pas voulu opposer
la vertu au vice, lors qu'il s'est presẽté pour
me precipiter dans les abismes d'incon-
tinãce, cedãt ma pudicité à son aduersaire.
Pardonnez mon pere, pardonnez à vostre
fille vnique qui vous laisse seul & remet la
charge de vostre maisõ & le soin de vostre

heritage aux estrãgers. Que ma repentance soit le fondement de voftre côfolation,
comme elle fera l'inftrument de ma gloire
s'il plait à Dieu. Et vous mon petit enfant,
fi le tort que ie vous ay fait demande quelque fatisfactiô quelle plus grande fçauriez
vous defirer, que de voir voftre mere vous
fuiure par le facrifice de fa vie. Et vous autres Meffieurs & Dames, qui auez cefte pa-
tiéce d'efcouter cefte criminelle. Que vous
donneray ie en recognoiffance de voftre
peine, finon mes prieres lors que ie feray
auec Dieu. Ie les vous offre & promets de
luy demander en faueur de vos ames, des
biens du threfor de fa grace. Gratiffier la
mienne à fon depart d'vn *Pater nofter*, ie le
vous requiers à tous grands & petits. Le
falut que vous luy procurerez ça bas, elle
tafchera de le vous rendre la haut. Meffieurs, ie m'en va faire ma derniere oraifó,
& puis vo⁹ dire le dernier adieu. Alors elle
pria le bourreau de luy laiffer les bras libres
pour ioindre les mains au ciel & faire fa
priere, ce qui luy fut librement accordé,
foudain les yeux plorans, elle efcria ainfi.

Seigneur Dieu vos iugemens font fecrets & infaillibles,
les fautes cachee pour vn temps aux hômes vous font tou-
fiours defcouuertes, & à la fin punies. Si les mefchans ont

ele relasche en leurs vies les crimes se manifestent plustost
par eux mesmes pour estre chastiez: C'est vostre iustice seigneur qui est ineuitable, ie sçay que ie vous ay offencé, &
mon offence fait comparoir mon ame deuant vous & mon
corps deuant les hômes: l'vn merite punition pour l'exem-
ple de la terre, & l'autre implore vostre misericorde. Pour
l'accroissement de vos merueilles, mon corps meurt ça bas,
Seigneur, & mon ame vous demande la vie là haut. L'E-
glise & mes peres m'ont enseigné que vostre misericorde
est plus grande que tous les pechez de vos creatures. De
sorte que ceste foy me fait esperer que ce que ma mort &
mes œuures ne me peuuent acquerir par merite:que vostre
bonté par grace en gratiffiera ma pauure ame:elle vous va
trouuer pour se ietter à vos pieds, tendez luy la main &
luy ouurez vostre paradis, elle ne se iustifie point deuant
vous, mais s'accuse. Si ses mesfaits ont allumé sur elle vostre courroux, ayez agreable Seigneur, que les larmes de sa
repentance esteignent le feu de vostre ire, la voyla qu'elle
part & fait les adieux au monde tout esplorée, non de le
quitter, mais de ce qu'elle vous voit, apres vous auoir si
souuent offencé. Elle est toute couuerte de tenebres de la
terre, guidez la mon Dieu, car pour vous trouuer elle n'a
point d'autre guide que vous mesme. Consolez aussi s'il
vous plaist mô pauure pere que ie laisse affligé de ma mort,
& pardonnez à mes ennemis puis que vous voulez que
nous leur pardonnions, c'est vostre loy que i'obserue pour
ce cruel Lorion autheur de mon infortune.

Son oraisô finie elle dit:or c'est à ce coup,
Messieurs qu'il se faut separer, ie vous dis
adieu. A mesme instât le bourreau luy don-
ne le coup de la mort, & separe sa teste du
corps.   F I N.